LISA NIESCHLAG ✦ LARS WENTRUP

Kölner Weihnachtsküche

Food-Fotografie
Lisa Nieschlag

Rezepte & Food-Styling
Andrea Gottfreund

Stadtfotografie
Sonja Kluft

Hölker Verlag

INHALT

Süß & köstlich

Fleutekies met Gewürzkirschen	10
Tiramisu op Kölsch	12
Muuzemändelcher	14
Stiefe Ries met Zimt	18
Rheinische Krapfen	20
Härekräm	22
Brotpudding aus Röggelchen	26
Kellerkuchen	28
Kölner-Dom-Plätzchen	30
Glühwein-Gugelhupf	34
Eierlikör-Espresso-Punsch	36

Weihnachtswunder in der Südstadt ... 38

Dank ... 70
Team ... 71
Impressum ... 72

Herzhaft & deftig

Kölsche Kaviar und Halve Hahn	48
Hirringsschlot met Quellmännern	50
Rievkooche met Appeltütt	52
Bottermilchzupp met Bunne	56
Himmel un Ääd met Flönz	58
Laberdan in Senfzaus	60
Hammelbrode	64
Kölsche Frikadellen met Wirsing	66
Kölsche Koteletts met Brodäppel	68

Weihnachtszauber in der Domstadt

Wer einmal sein Herz an Köln verloren hat, wird die quirlige Stadt am Rhein während der Adventszeit besonders lieben. Dann nämlich verwandelt sich der Roncalliplatz in einen glitzernden Weihnachtsmarkt, in dessen Mitte ein prachtvoll geschmückter Weihnachtsbaum thront. Überall duftet es verführerisch nach Glühwein, Muuzemändelcher und Bratwurst. „Heinzels Wintermärchen", der größte Weihnachtsmarkt in der Altstadt, erinnert an die Sage um die Kölner Heinzelmännchen. Und auf der angeschlossenen Eislauffläche kann man sein Talent im Schlittschuhlaufen unter Beweis stellen.

Fernab der großen und kleinen Weihnachtsmärkte durchströmt einen dieses besondere „Weihnachtsjeföhl" beim Bummeln durch die festlich dekorierte Schildergasse, die Severinstraße in der Südstadt oder die Landmannstraße in Ehrenfeld. Auch das Dufthaus 4711 oder die Wolkenburg erstrahlen in hellem Lichterglanz.

Traditionelle und neu interpretierte Festtagsrezepte aus der Kölner Küche runden den Adventsbummel ab und bringen die kulinarische „Glöcksilligkeit" in Ihre Küche. Ob rheinische Krapfen und Kölner-Dom-Plätzchen für Naschkatzen oder Hammelbrode, Rievkooche und Hirringsschlot für alle, die es lieber herzhaft mögen – genießen Sie mit uns die besten Rezepte für eine stimmungsvolle Weihnachtszeit nach Kölner Art.

Fleutekies met Gewürzkirschen

Die süße Quarkspeise ist schnell zubereitet. Mit Zimt, Vanille, Gewürznelke und Sternanis aromatisierte Kirschen machen den Fleutekies zu einem ganz besonderen Dessert auf der weihnachtlichen Festtafel.

Für die Gewürzkirschen die Kirschen in einem Sieb abtropfen lassen, den Saft auffangen. Die Vanilleschote längs halbieren und das Mark herausschaben. Den Portwein in einem Topf aufkochen und auf ein Drittel reduzieren. Vanilleschote und -mark, Nelke, Zimtstange, Sternanis und 300 ml Kirschsaft zugeben und 5 Min. köcheln. Die Speisestärke mit etwas kaltem Wasser glatt rühren, zugeben und die Flüssigkeit eindicken lassen. Den Sud durch ein feines Sieb passieren, zurück in den Topf füllen, die Kirschen zufügen und 5 Min. köcheln lassen. Das Kirschwasser zugeben, das Kompott auskühlen lassen und kalt stellen.

Für den Fleutekies Frischkäse, Milch, Zucker und Vanillezucker cremig verrühren. Zum Schluss den Apfelsirup untermengen.

Den Fleutekies auf 4 hohe Gläser oder Weingläser verteilen. Darauf die Gewürzkirschen geben. Mit weißen Schokoraspeln dekorieren und servieren.

Tipp
Der Fleutekies schmeckt mit einem Klecks Marmelade auch gut auf Brötchen oder süßen Weckchen.

Für 4 Portionen

Für die Gewürzkirschen
1 Glas entsteinte Sauerkirschen (250 g Abtropfgewicht)
1 Vanilleschote
50 ml Portwein
1 Gewürznelke
1 Zimtstange
3 Stück Sternanis
1 EL Speisestärke
1 EL Kirschwasser

Für den Fleutekies
250 g Frischkäse (Doppelrahmstufe)
50 ml Milch
3 EL Zucker
1 Pck. Vanillezucker
4 EL Apfelsirup

Außerdem
weiße Schokoraspel zum Dekorieren

Tiramisu op Kölsch

Wir bereiten das beliebte italienische Dessert mit Kölsch und Grand Marnier zu und verleihen ihm damit eine weihnachtliche Orangen-Note.

Für 4 Portionen

400 g Mascarpone
300 g Schmand
50 ml Milch
50 g Zucker
2 EL Vanillezucker
2 EL Orangenmarmelade
40 ml Kölsch
20 cl Grand Marnier
150 ml kalter Espresso
400 g Löffelbiskuits
3 Stück Gewürz-
spekulatius
Schokospäne zum
Dekorieren
Zesten von ½ Bio-Orange

Außerdem
Auflaufform
(20 cm x 30 cm)

Für die Creme Mascarpone, Schmand, Milch, Zucker und Vanillezucker verrühren. Die Orangenmarmelade in einem Topf erwärmen. Kölsch und Grand Marnier unterrühren. Den Topf vom Herd nehmen und den kalten Espresso zufügen.

Die Auflaufform mit Löffelbiskuits auslegen. Die Biskuitschicht mit der Orangen-Kölsch-Mischung beträufeln. Eine Schicht Creme darübergeben, anschließend Löffelbiskuits auf die Creme legen und wieder beträufeln. So weiterschichten und mit Creme als oberster Schicht enden.

Gewürzspekulatius in einen Gefrierbeutel geben und mit dem Nudelholz vorsichtig zerkleinern. Das Tiramisu mit dem Spekulatius-Crunch und den Schokospänen bestreuen. Mit Orangenzesten dekorieren.

Tipp
Anstelle der Orangenmarmelade können Sie auch Aprikosenkonfitüre oder Johannisbeergelee verwenden.

Muuzemändelcher

Goldgelb ausgebacken, noch warm und mit Puderzucker bestäubt schmecken sie am besten, die Mutzenmandeln. Traditionell werden sie in Köln zwischen Silvester und Karneval gegessen, aber sie passen auch hervorragend in die Weihnachtszeit.

Mehl in eine Schüssel sieben und mit Backpulver und Mandeln vermengen. Die Butter in Stücke schneiden und mit Zucker, Salz und Eiern zur Mehlmischung geben. Die Zutaten rasch zu einem nicht klebrigen Teig verarbeiten. Das Rum-Aroma einarbeiten. Wenn der Teig zu klebrig ist, etwas Mehl zufügen. Den Teig zu einer Kugel formen, in Frischhaltefolie wickeln und ca. 2 Std. kalt stellen.

Den Teig auf einer gut bemehlten Arbeitsplatte ca. 2 cm dick und länglich ausrollen, ggf. mit etwas Mehl bestäuben. Mutzenmandeln tropfenförmig ausschneiden und von Hand nachformen. Öl oder Fett in einem Topf erhitzen, bis sich Bläschen bilden, wenn man einen Holzlöffel eintaucht. Die Mutzenmandeln darin ca. 5 Min. hellbraun frittieren, herausnehmen, auf Küchenpapier abtropfen lassen und zum Schluss in Zucker wälzen.

Tipp
Anstatt die Mutzenmandeln auszuschneiden, können Sie auch eine Form zum Ausstechen verwenden. Statt in Zucker können Sie die Mutzenmandeln auch in Zimtzucker und anderen weihnachtlichen Gewürzen wälzen.

Für ca. 25 Stück

300 g Mehl (Type 405) plus etwas zum Verarbeiten
1 TL Backpulver
100 g blanchierte Mandeln
100 g kalte Butter
80 g Zucker
1 Prise Salz
3 Eier
5 Tropfen Rum-Aroma oder 1 TL Rum
1 l neutrales Speiseöl oder Kokosfett
Zucker zum Wälzen

Stiefe Ries met Zimt

Ob als Nachspeise oder als Hauptgericht serviert – diesen Klassiker kennen wir seit unserer Kindheit. Mit Zimtzucker bestreut ist er ein wahrhaft winterliches Soulfood.

Für 4 Portionen

1 Vanilleschote
1 l Milch
250 g Milchreis
2 EL Zucker
1 Prise Salz
Zimtzucker zum Bestreuen

Die Vanilleschote längs aufschneiden und das Mark herausschaben. Die Milch in einem Topf aufkochen. Die Temperatur reduzieren, Vanillemark und -schote, Milchreis, Zucker und Salz zufügen. Im offenen Topf bei geringer Hitze 25–30 Min. unter häufigem Rühren sanft köcheln lassen.

Die Vanilleschote herausnehmen. Den Milchreis auf Schälchen verteilen und mit Zimtzucker bestreuen.

Tipp

Mit der Zugabe von etwas mehr oder weniger Milch kann der Milchreis fester oder flüssiger zubereitet werden. Die Vanilleschote können Sie für Vanillezucker wiederverwerten. Die Schote gut abspülen, abtrocknen und klein scheiden, mit etwas Zucker in einem Schraubglas vermischen und einige Tage ziehen lassen. Nach Wunsch die Schotenstücke mit etwas Zucker fein mahlen.

Rheinische Krapfen

Spätestens wenn alljährlich zum Karneval das „Kölle Alaaf" erklingt, sind die Bäckereiauslagen mit rheinischen Krapfen gefüllt. Diese süßen Gebäckstücke schmecken einfach köstlich und sind auch schon in der Weihnachtszeit ein Genuss.

Für 25 Stück

250 ml Wasser mit Butter, Zucker und Salz in einem Topf aufkochen. Das Mehl sieben und auf einmal in die kochende Flüssigkeit geben. Unter ständigem Rühren kochen, bis sich ein Kloß und anschließend eine weiße Schicht am Topfboden bildet. Die Brandmasse in eine Schüssel geben und etwas abkühlen lassen.

Die Eier in einer kleinen Schüssel verquirlen und nach und nach mit dem Brandteig vermengen. Der fertige Teig ist weich, glänzend und fällt schwer reißend vom Löffel. Wenn das noch nicht der Fall ist, ein weiteres Ei zugeben. Zum Schluss die Rumrosinen und den Zitronenabrieb unterrühren.

Das Öl in einem ausreichend großen Topf erhitzen, bis sich Bläschen bilden, wenn man einen Holzlöffel eintaucht. Mit 2 Esslöffeln Teig abstechen und im Öl goldgelb ausbacken. Die fertigen Krapfen sofort mit Puderzucker bestäuben und servieren.

- 150 g Butter
- 50 g Zucker
- 1 Prise Salz
- 200 g Mehl (Type 405)
- 3 Eier
- 100 g Rumrosinen
- Abrieb von ½ Bio-Zitrone
- 1 l Öl zum Ausbacken
- Puderzucker zum Bestäuben

Tipp

Probieren Sie zunächst zwei Krapfen aus, um die richtige Garzeit herauszufinden. Anstelle des Brandteigs können Sie auch einen Hefe- oder Quarkteig für die Krapfen zubereiten.

Härekräm

Die Herrencreme hat ihren Ursprung im Münsterland, ist aber mittlerweile in ganz Deutschland beliebt. Der Dessertklassiker besticht durch seine fluffige Konsistenz, die dunkle Schokolade und ein zartes Rum-Aroma.

Für 4 Portionen

500 ml Milch
50 g Zucker
1 Pck. Vanillezucker
1 Pck. Bourbon-Vanille-puddingpulver
100 g Zartbitterschokolade
250 ml Sahne
4 cl Rum (mindestens 40 Vol.-%)
Schokoladenspäne zum Garnieren

Aus Milch, Zucker, Vanillezucker und Puddingpulver nach Packungsanleitung einen Pudding kochen. Die Puddingmasse in eine große Glasschüssel füllen, mit Frischhaltefolie abdecken und in den Kühlschrank stellen.

Die Zartbitterschokolade grob hacken. Die Sahne steif schlagen. Den ausgekühlten Pudding mit dem elektrischen Rührstab glatt rühren. Die Sahne vorsichtig unterheben. Zum Schluss die Schokostücke und den Rum unterheben.

Mit Schokoladenspänen dekorieren und bis zum Servieren kalt stellen.

Tipp

Nach Belieben können Sie die Herrencreme auch mit Eierlikör, frischen Himbeeren oder karamellisierten Walnüssen toppen.

Brotpudding aus Röggelchen

Diese traditionelle Süßspeise lässt sich mit Zimt, Äpfeln und Rumrosinen besonders weihnachtlich zubereiten. Für das Lieblingsgericht aus Kindheitstagen können Sie Brötchen vom Vortag bestens verwerten.

Eier, Milch, Sahne, Zucker, Zimt, Vanillezucker, Zitronenabrieb und Salz in einer Schüssel vermischen. Die Röggelchen in mundgerechte Stücke schneiden und in die Mischung geben. Gut umrühren und 10 Min. ziehen lassen. Vorsichtig die Rumrosinen unterheben.

Den Backofen auf 180 °C (Umluft) vorheizen. Die Äpfel schälen, achteln und vom Kerngehäuse befreien. Die Brotmischung in die gefettete Auflaufform geben. Die Apfelspalten sternförmig darauf verteilen. Mit Butterflöckchen belegen.

Den Brotpudding ca. 45 Min. backen, ggf. gegen Ende der Backzeit mit Alufolie abdecken, damit er nicht zu dunkel wird. Aus dem Backofen nehmen und auskühlen lassen, mit Puderzucker und gehackten Mandeln bestreuen.

Tipp
Anstelle der Rumrosinen können Sie auch Cranberrys oder Sultaninen verwenden. Servieren Sie den Brotpudding mit Vanillesoße oder Vanilleeis.

Für 4 Portionen

3 Eier
250 ml Milch
200 ml Sahne
40 g Zucker
1 TL Zimt
1 Pck. Vanillezucker
1 TL Bio-Zitronenabrieb
1 Prise Salz
3–4 Röggelchen vom Vortag
60 g Rumrosinen
2 Äpfel
1 EL Butter plus etwas für die Form
1 EL Puderzucker
1–2 EL gehackte Mandeln

Außerdem
Auflaufform (20 cm x 30 cm) oder 4 Auflaufpfännchen

Kellerkuchen

Ob Kalte Schnauze, Kalter Hund, Kekstorte, Schwarzer Hund oder Kellerkuchen – diese Süßspeise hat viele Namen. Wir kreieren eine festliche Variante für die Adventskaffeetafel.

Für 12 Stücke

400 g Vollmilchkuvertüre
250 g festes Kokosfett
(z. B. Palmin)
50 g Backkakao
150 g Puderzucker
1 Pck. Vanillezucker
½ TL Zimt
1 Prise Salz
250 g Butterkekse
30 g weiße Kuvertüre

Außerdem

Kastenform (25 cm)

Die Vollmilchkuvertüre hacken, das Kokosfett in Stücke schneiden, beides in einem Topf bei mittlerer Hitze schmelzen und leicht abkühlen lassen. Kakao, Puderzucker, Vanillezucker, Zimt und Salz in einer Schüssel vermengen und nach und nach in die Kuvertüre-Kokosfett-Mischung rühren.

Die Kastenform mit Backpapier auslegen. Den Boden und die Seiten mit etwas Schokoladenmasse bestreichen. Butterkekse und Schokoladenmasse jeweils in ca. 7 Lagen in die Form schichten, dabei die Kekse in passende Stücke schneiden, damit sie dicht an dicht liegen. Mit einer Schicht Schokolade enden. Den Kuchen abdecken und über Nacht in den Kühlschrank stellen.

Die weiße Kuvertüre hacken und über dem heißen Wasserbad schmelzen. Den Kuchen vorsichtig aus der Form stürzen, das Backpapier behutsam ablösen. Die weiße Kuvertüre über den Kuchen sprenkeln.

Tipp

Noch weihnachtlicher können Sie den Kellerkuchen zubereiten, wenn Sie anstelle der Butterkekse Spekulatius verwenden. Wenn Sie auf Kokosfett verzichten möchten, ersetzen Sie dieses durch Sahne.

Kölner-Dom-Plätzchen

Das gemeinsame Plätzchenbacken wird in der Adventszeit in vielen Familien zelebriert. Vor allem Kinder lieben es, Plätzchen auszustechen und sie mit Zuckerguss und Zuckerperlen zu verzieren.

Für 30–50 Stück

Mehl, Zucker, Vanillezucker und Spekulatiusgewürz in einer Schüssel vermengen. Die Butter in kleinen Stückchen sowie das Ei zufügen und die Zutaten zu einem Mürbeteig verkneten. Den Teig zu einer Kugel formen und in Frischhaltefolie gewickelt mindestens 1 Std. kalt stellen.

Den Backofen auf 175 °C vorheizen. Den Teig vierteln und die Viertel nacheinander verarbeiten, dabei die restlichen Teile jeweils wieder kalt stellen. Die Teigviertel zwischen 2 Lagen Frischhaltefolie 5 mm dick ausrollen. Plätzchen ausstechen und auf ein mit Backpapier belegtes Backblech legen. Die Plätzchen 10–12 Min. goldgelb backen, auskühlen lassen, vom Blech nehmen und nach Belieben mit Zuckerguss und Zuckerperlen verzieren.

300 g Dinkelmehl
60 g Zucker
1 Pck. Vanillezucker
2 TL Spekulatiusgewürz
150 g kalte Butter
1 Ei
Zuckerguss und Zuckerperlen zum Dekorieren

Außerdem
Ausstechformen

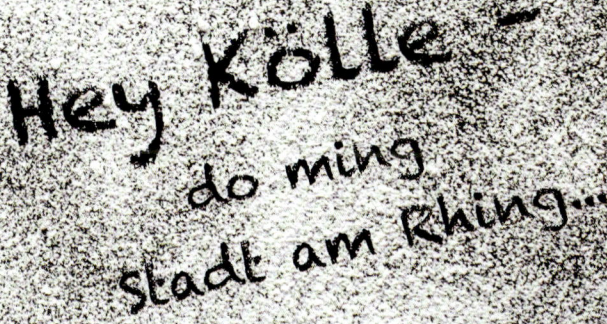

Hey Kölle – do ming Stadt am Rhing…

Glühwein-Gugelhupf

Ursprünglich wurde der Kuchen in einem hohen, runden Napf über der Feuerstelle zubereitet, deshalb ist er auch als Napf- oder Topfkuchen bekannt. Im Rheinland spricht man vom Bundkuchen.

Für 10 Stücke

250 g Butter plus etwas für die Form
200 g Vollrohrzucker
1 Pck. Vanillezucker
1 Prise Salz
4 Eier
250 g Dinkelmehl plus etwas für die Form
2 TL Backpulver
50 g Backkakao
100 g gemahlene Haselnüsse
½ TL Zimt
200 ml Glühwein plus etwas für die Glasur
150 g gehackte Zartbitterschokolade
200 g Puderzucker

Außerdem
Gugelhupfform (⌀ 22 cm)

Die Gugelhupfform fetten und mit Mehl ausstäuben. Den Backofen auf 180 °C vorheizen.

Die Butter mit Zucker, Vanillezucker und Salz 5–8 Min. schaumig aufschlagen, bis die Masse weißlich ist. Die Eier nach und nach unterrühren. In einer zweiten Schüssel Dinkelmehl, Backpulver, Kakao, Nüsse und Zimt vermischen. Abwechselnd die Mehlmischung und den Glühwein unter den vorbereiteten Teig rühren. Die gehackte Schokolade unterheben und den Teig in die Gugelhupfform füllen.

Den Gugelhupf 45 Min. backen, gegen Ende mit einem Holzstäbchen eine Garprobe machen. Wenn kein Teig am Stäbchen haften bleibt, ist der Kuchen fertig. Den Gugelhupf auskühlen lassen und aus der Form stürzen.

Für die Glasur den Puderzucker sieben und mit etwas Glühwein verrühren. Den Zuckerguss auf dem Gugelhupf verteilen.

Tipp
Sie können statt Glühwein auch Rotwein verwenden oder, für eine alkoholfreie Variante, Kinderpunsch.

Eierlikör-Espresso-Punsch

Der geschichtete Punsch aus Eierlikör, Espresso und Sahne sieht nicht nur lecker aus, sondern ist ein wärmender Begleiter für kalte Vorweihnachtstage.

Den Eierlikör in einem Topf leicht erwärmen. Die Sahne steif schlagen.

Den Eierlikör in 4 Gläser füllen. Den Espresso vorsichtig über den Rücken eines Teelöffels in die Gläser gießen; er sollte sich nicht mit dem Eierlikör vermischen. Die Sahne in einen Spritzbeutel füllen und in Tupfen auf die Espressoschicht spritzen. Den Punsch mit Kakaopulver bestäuben.

Tipp
Mit aufgeschäumter Milch anstelle von Sahne wird der Punsch etwas leichter. Mit Zimtzucker bestreut schmeckt er noch weihnachtlicher.

Für 4 Portionen

120 ml Eierlikör
150 ml Sahne
240 ml Espresso
Kakaopulver zum Bestäuben

Weihnachtswunder in der Südstadt

Alexa Nieschlag

Joseph Schmitz band sich seine Schürze ab und hängte sie im Personalraum des Brauhauses an ihren Haken. Endlich Feierabend. Er war müde, seine Füße schmerzten. Die Gäste waren zwar spendabel, aber auch richtig anstrengend gewesen. Seit dem späten Morgen hatte er runde Tabletts mit Kölschstangen zwischen voll besetzten Tischen hin und her manövriert, dutzendweise „halven Hahn" und meterweise Bratwurst durch das Brauhaus getragen. Joseph – den alle seit Kindesbeinen nur Jupp nannten – war Köbes, also Brauhauskellner. Die sind in Köln legendär und ein kleines bisschen gefürchtet. Auch heute hatte sich Jupp bei Gästen, die nur ein Glas Wasser bestellten, mit hochgezogenen Augenbrauen erkundigt: „Und Seife und Handtuch, soll ich die auch gleich mitbringen?" Als sie verdutzt schauten, hatte er sie allerdings schelmisch angezwinkert.

Jupp war froh, dass seine Schicht vorbei war. Er zog seine Jacke an und ging durch den Schankraum, der adventlich mit Tannengirlanden geschmückt war und allerlei „Weihnachtskitsch", wie Jupp fand. Sein Chef stand hinter dem Tresen und wünschte ihm einen schönen Abend. Er studierte das dicke Buch mit Reservierungen und versuchte offensichtlich, all die unterschiedlichen Weihnachtsfeiern wie bei einem dreidimensionalen Puzzle in den Sälen unterzubringen.

„Die nächsten zwei Wochen werden anstrengend, Jupp", sagte er. „Schade, dass wir nicht ein paar Heinzelmännchen irgendwo ausleihen können, das wäre praktisch!" „Hör mir bloß auf mit diesen Heinzelmännchen! Das ist doch nur so ein kölscher Kokolores", schimpfte Jupp. „Ein paar tüchtige Aushilfen könnten wir gebrauchen!" Er dachte manchmal, wenn er noch einmal die Zeilen *Wie war es doch in Köln vordem / Mit Heinzelmännchen so bequem* hören müsste, würde er um sich schlagen. Er verabschiedete sich mürrisch und ging hinaus. Den Heinzelmännchenbrunnen gegenüber vom Brauhaus würdigte er dabei keines Blickes. Jupp war einfach nur müde.

Was die beiden nicht bemerkten, war ein Paar sehr kleine Ohren, die ihr Gespräch von einem Fenstersims aus belauscht hatten …

Am nächsten Tag, in einer geräumigen, aber heimeligen Höhle unterhalb des Heinzelmännchenbrunnens, tagte die monatliche Versammlung der Kölner Heinzelmännchengruppe, Sektion Altstadt. Besser gesagt, sie hätte tagen sollen. Als Wanda und ihr kleiner Bruder Willi die Höhle betraten, empfing sie statt des üblichen Stimmengewirrs und klirrender Punschgläser tiefe Stille. Lediglich der Oberheinzel Balthasar saß am Ende des langen Versammlungstisches. Balthasar war sein offizieller Name, denn bei Amtsantritt bekommen alle Oberheinzel einen der Namen

der Heiligen Drei Könige – genau genommen war er Balthasar CDXXXVIII., also der 438. Balthasar in diesem Amt.

Der Oberheinzel blickte sie mit strengen, aber auch freundlichen Äuglein an. „Ah, Wanda, Willi, da seid ihr ja. Das ist gut." Wanda guckte verwundert. Sonst saßen hier so um die fünfzig Heinzelmännchen (und -mädchen, fügte sie in Gedanken hinzu) – die ganze Sektion Altstadt eben. Da konnten Willi und sie, mit Abstand die Jüngsten, sich gut im Gewusel verstecken. Mit dem Oberheinzel hatten sie noch nie direkt gesprochen. Sie wunderte sich, dass er überhaupt ihre Namen wusste.

„Wo sind denn all die anderen?", fragte sie. „Tja, das ist eine dumme Geschichte. Die waren beim Eisbaden im Rhein. Irgendjemand hat in der Zeitung gelesen, dass das schrecklich gesund sei. Die ganze Sektion war gleich Feuer und Flamme. Die Sektion Südstadt war natürlich auch mit von der Partie. Sie sind alle gemeinsam bei frostigen Temperaturen in den Rhein gehüpft – und liegen jetzt schwer erkältet im Bett. Das heißt, ihr müsst den Weihnachtseinsatz diesmal alleine machen. Ich bin mittlerweile froh, dass ihr beide auf diesem Schulausflug in Düsseldorf wart, auch wenn ich von Ausflügen nach Düsseldorf prinzipiell ja nichts halte, wie ihr wisst. Heinzelmännchen sind kölsches Urgestein, die haben in Düsseldorf", er spuckte den Stadtnamen förmlich aus, „nichts verloren."

Willi dachte, er habe sich verhört. Er und Wanda, alleine? Den Weihnachtseinsatz? Er schaute den Oberheinzel mit großen Augen an. Wanda neben ihm zog scharf den Atem ein. Hoffentlich würde sie nicht zu einem ihrer typischen Vorträge über kulturelle Toleranz gegenüber anderen rheinischen Städten ausholen. Ebenso wie sie ständig über Heinzelmädchen redete und die Frage stellte, ob man nicht korrekterweise von Heinzelpersönchen sprechen sollte, war sie auch eine große Befürworterin der interrheinischen Versöhnung.

Aber seine Sorge war unbegründet. Wanda war genauso überrumpelt von ihrer plötzlichen Aufgabe. Mit leicht piepsiger Stimme fragte sie: „Und woraus besteht der Weihnachtseinsatz?" „Wir haben gerade einen Bericht bekommen über einen Köbes namens Jupp, der behauptet, es gäbe keine Heinzelmännchen, das sei alles Quatsch. Diesen Jupp sollt ihr vom Gegenteil überzeugen. Weihnachten ist ja erst in zwei Wochen, da wird euch wohl etwas einfallen." Wanda und Willi sahen sich etwas ratlos an, nickten aber pflichtschuldig und machten sich auf den Weg Richtung Brauhaus.

Jupp merkte nichts davon, dass ihm in den zwei Wochen vor Weihnachten fast ständig zwei Heinzelmännchen folgten. Im Schankraum des Brauhauses hatten sie sich einen gemütlichen Platz auf einer adventlichen Tannengirlande ausgesucht. Sie roch gut und schaukelte etwas, und von dort oben konnten sie ihn gut im Auge behalten. Niemand

schaut in einem Brauhaus besonders aufmerksam in die Adventsdekoration. Und wenn doch, würde sich in Köln niemand über Darstellungen von Heinzelmännchen wundern. Dass diese zwei echt waren – war die perfekte Tarnung.

Interessanter wurde es, wenn Jupp seine Schürze aufhängte und nach Hause ging. Dann rutschten die zwei am herabhängenden Teil der Girlande herab, flitzten im Schatten der Stuhlbeine durch den Schankraum und folgten ihm. Jupp wohnte in der Südstadt und ging immer zu Fuß, was die Beschattung erleichterte. Zwar war die Südstadt offiziell nicht ihr Revier, aber die Kollegen mussten ja alle zu Hause das Bett hüten. Jupp marschierte an ihrem Brunnen vorbei, schaute kurz zum Dom hoch und bog dann nach Süden ab in die Gassen. Er hatte offenbar eine Schwäche für romanische Kirchen, denn er machte manchmal einen Umweg, um kurz bei Groß St. Martin anzuhalten, und manchmal blieb er vor der Fassade von St. Maria im Kapitol stehen. Jupp wohnte schon sein Leben lang in der Südstadt, schon als diese noch von Arbeitern und nicht „von diesen Hipstern", wie er manchmal brummelte, besiedelt wurde.

Wanda und Willi beobachteten Jupp auf dem Weg zur Arbeit und auf seinem Heimweg. Ergiebig war das nicht. Manchmal hielt er am Büdchen, um sich Zigaretten zu kaufen. Zu essen schien er meist im Brauhaus. „Was sollen wir denn da machen?", fragte Willi besorgt seine große Schwester. „Ich weiß es auch nicht", antwortete sie. „Vielleicht erfahren wir mehr, wenn er mal einen freien Tag hat."

Bald war es so weit. Jupp hatte frei. Doch Wanda und Willi hatten noch nie so einen langweiligen Morgen erlebt. Jupp war Langschläfer, während Heinzelmännchen von Natur aus Frühaufsteher sind: kleine Frohnaturen, die mit dem Sonnenaufgang aus dem Bett hüpfen, voller Drang zu guten Taten. Heute saßen sie bei Jupp auf dem Kleiderschrank, schubsten sich gegenseitig Wollmäuse zu und warteten darauf, dass er aufhörte zu schnarchen. Endlich stand er auf! Aber auch danach wurden ihre Erwartungen enttäuscht. Jupp zog einen Bademantel über, schlurfte in die Küche, machte sich einen Kaffee und saß dann mit der gestrigen Ausgabe des Kölner Stadt-Anzeigers, die er im Brauhaus bei Schichtende hatte mitgehen lassen, am Küchentisch.

Dann allerdings klingelte es an der Haustür. Jupp guckte erstaunt, ging zur Tür und öffnete. Draußen stand eine kleine Frau mit grauen Wuschelhaaren und lächelte ihn an. „Guten Morgen, Herr Nachbar! Ich wollte nur fragen, ob Sie vielleicht ein Paket für mich angenommen haben? Ich warte auf ein Paket von meinen Enkeln, und ich habe nur eine Benachrichtigung, dass es ‚bei Nachbarn' sei. Ist es bei Ihnen? Meine Enkel fliegen dieses Jahr über Weihnachten nach Südafrika und können nicht herkommen, ich würde das Paket also wirklich gern finden."

Jupp schaute sie verdutzt an. Er war ein bisschen verlegen, weil er im Bademantel in der Tür stand. Ausgerechnet, wenn die nette Nachbarin klingelt, mit der er schon lang hatte ins Gespräch kommen wollen! Seine Haare hatte er auch noch nicht gekämmt. Zu dumm! Er wurde ein ganz kleines bisschen rot und räusperte sich. „Ähem, ein Paket? Nein. Bei mir nicht. Tut mir wirklich sehr leid." „Ach, wie schade!" Die Nachbarin blieb noch ein bisschen stehen, doch er sagte nichts. Die Heinzelmännchen sahen sich an. „Tja, dann gehe ich mal wieder", sagte die Nachbarin.

Da gab Wanda Willi ein Zeichen, dass er bei Jupp bleiben sollte und sie der kleinen Frau folgen würde. Wanda huschte blitzschnell durch die Tür, bevor sie sich schloss.

Draußen folgte sie der Frau, die auf die Straße trat und auf ein kleines Café in der Nähe zusteuerte. Drinnen setzte sie sich an einen Tisch, wo schon eine andere ältere Dame saß und auf sie wartete. Wanda benutzte wieder ihren Schein-Deko-Trick und warf sich in Tischnähe in eine typische Plastikwichtelpose. „Und?", fragte die Wartende. Die kleine grauhaarige Nachbarin seufzte. „Fehlanzeige. Ich habe es heute sogar mit dem alten ‚Ich-suche-mein-Paket'-Trick versucht, aber der Mann kommt mir wahnsinnig schüchtern vor. Dabei schaut er immer so nett und ich würde ihn wirklich gern besser kennenlernen. Ich glaube, er hat mich vor allem deshalb nicht zu einem Kaffee eingeladen, weil er noch im Bademantel war. Kann ich doch nicht ahnen, dass der um elf noch schläft!" „Ich habe es dir gleich gesagt: Es wäre effektiver, wenn du im Internet eine Anzeige aufgeben würdest." „Also hör mal! In unserem Alter!"

Auf einmal wusste Wanda, wie ihr Weihnachtseinsatz aussehen könnte. Sie wartete, bis die Frauen ihren Kaffee ausgetrunken hatten, folgte der Nachbarin zu Jupps Haus zurück und las den Namen auf dem Klingelschild der Wohnungstür, hinter der sie verschwand. Florentine Tannenberg. Ein vielversprechender Name, fand Wanda. Geradezu weihnachtlich.

Drei Tage später fand Florentine Tannenberg in ihrem Briefkasten einen Umschlag mit einer Karte, auf der ein Weihnachtsbaum von Heinzelmännchen geschmückt wurde. Innen stand zu lesen: „Liebe Frau Tannenberg, wenn Sie an Heiligabend keinen Besuch erwarten, sind Sie herzlich eingeladen bei Ihrem Nachbarn. Mit besten Grüßen, Joseph Schmitz". Florentine Tannenberg lächelte, als sie das las. Ein bisschen krakelig, die Schrift, fand sie, aber das passte zu dem alten Zausel.

Sie ahnte ja nicht, wie viel Mühe diese Karte Wanda und Willi gekostet hatte. Viele „Schriftproben" hatten sie produziert, aber keine fanden sie gut. Über den Text konnten sie sich nicht einigen. „Schreibt der nun ‚Liebe Frau Tannenberg' oder ‚Liebe Florentine'?" „Was weiß ich! Du willst

doch die beiden verkuppeln!" „Jetzt sei nicht bockig, Willi. Das ist ein gutes Werk – und auf jeden Fall eine richtige Weihnachtsaktion, mit der Oberheinzel Balthasar zufrieden sein wird! Wir müssen dann nur noch einen Weihnachtsbaum organisieren und schmücken, wenn Jupp bei der Arbeit ist, ein paar Geschenke einpacken, die Wohnung aufräumen, die Mülleimer ausleeren, den tropfenden Wasserhahn reparieren, die Gardinen waschen, die Fenster putzen – ach ja, und Plätzchen backen und ein Heiligabendessen vorbereiten." „Wie bitte?" „Was heißt denn wie bitte?" „Kochen sollen wir auch noch?" „Na klar." „Aber du weißt ganz genau, dass ich nicht kochen kann!"

Wanda wusste in der Tat, dass ihr kleiner Bruder sehr geschickt war und allen häuslichen Herausforderungen gewachsen, aber in der Küche zwei linke Hände hatte. Er war sogar einmal durch eine Prüfung in der Heinzelmännchenschule gefallen. Ihre Mutter wäre beinahe verzweifelt. Ein Heinzelmännchen, das nicht kochen kann! Was sollten die Verwandten sagen?

„Willi, das bekommen wir hin. Ich habe in Jupps Küche sogar ein Kochbuch gesehen. Wir machen was ganz Einfaches – Frikadellen und Kartoffelsalat. Das ist traditionell, das bekommst sogar du hin. Ich helfe dir!"

Kaum war Jupps Haustür am Morgen des 24. Dezember hinter ihm ins Schloss gefallen, fingen die zwei Heinzelmännchen an, durch die Wohnung zu wirbeln. Normalerweise waren an solchen Weihnachtseinsätzen ja ganze Scharen von Heinzelmännchen beteiligt, aber wegen der Massenerkältung nach dem Eisbaden ging das nicht. Also legten sich die beiden doppelt und dreifach ins Zeug. Bald blinkten und blitzten die Armaturen, das Linoleum glänzte, im Wohnzimmer verbreitete sich Tannenduft, die Gardinen waren wieder weiß, der Wasserhahn tropfte nicht mehr, und in der ganzen Wohnung fand sich nicht eine einzige Wollmaus.

Nachdem alles festlich strahlte, zogen sich Wanda und Willi in die Küche zurück. Etliche Missgeschicke später – ihr Bruder hatte fast in den laufenden Fleischwolf gegriffen, Zucker mit Salz verwechselt, beim Zwiebelschneiden bittere Tränen geweint und sich an einem heißen Backblech die Hand verbrannt – hatten sie aber auch das geschafft: Auf dem für zwei gedeckten Tisch standen eine große Schüssel Kartoffelsalat, eine Platte mit Frikadellen wie aus dem Bilderbuch und ein Teller mit den leckersten Weihnachtsplätzchen!

Nachdem Jupp am Spätnachmittag seine Schicht beendet hatte, trödelte er auf dem Heimweg ein wenig. Er hatte es nicht eilig. Er ging sogar am Dom vorbei zum Rheinufer und ein bisschen rheinabwärts, vorbei am Schokoladenmuseum, den Kranhäusern und dem Bürgerhaus Stollwerck. Zwar war am Rheinufer eine

Schnellstraße, die die Sache etwas ungemütlich machte, aber wie alle Kölner liebte er den Rhein mit kindlicher Zuneigung.

Zu Hause angekommen, stieg er die Stufen hinauf, öffnete die Wohnungstür – und dachte zuerst, er hätte sich in der Tür geirrt. Es duftete nach Frikadellen und Gebäck in seiner Wohnung. Und nach Tannengrün. Im Wohnzimmer sah er Kerzenschein – er traute seinen Augen kaum! Einen Weihnachtsbaum hatte es in dieser Wohnung seit Jahren nicht mehr gegeben. Wie kam der hierher? Wer hatte den Tisch gedeckt? Und warum für zwei? War jemand bei ihm eingebrochen? War das eine von diesen furchtbaren Fernsehsendungen, wo die Leute erst hinters Licht und dann vorgeführt werden?

Viel Zeit zum Nachdenken blieb ihm nicht. Es klingelte. Er öffnete, selbst noch in der Winterjacke. Vor ihm stand Florentine Tannenberg. Sie hatte ein dunkelrotes Kleid an, hielt einen großen Teller Mutzenmandeln in der Hand, hatte ein bisschen Puderzucker in den Haaren und lächelte ihn an. „Frohe Weihnachten! Darf ich hereinkommen?" Er sah sie verdattert an. „Frohe Weihnachten. Äh, ja. Kommen Sie doch herein …" „Bei Ihnen riecht es aber gut." „Finden Sie?" „Ja, genau wie es an Weihnachten sein soll. Wie schön, dass Sie einen Baum haben. Das habe ich dieses Jahr nicht geschafft." „Wie ich es geschafft habe, weiß ich auch nicht." Florentine Tannenberg schaute etwas irritiert, versuchte sich aber nichts anmerken zu lassen und strahlte stattdessen mit dem Baum um die Wette. „Jetzt ist er jedenfalls da. Ich freue mich!"

Wären Florentine und Jupp nicht so nervös, freudig angespannt und ausschließlich auf sich selbst konzentriert gewesen – wie es Verliebte jeden Alters nun mal sind –, hätten sie vielleicht bemerkt, dass oben auf dem Regal – nun ohne jede Spur einer Wollmaus, aber dafür mit einem kleinen Vorrat an Weihnachtsplätzchen – die zwei jüngsten Mitglieder der Heinzelmännchengruppe Köln, Sektion Altstadt, saßen, ein bisschen erschöpft, aber sehr zufrieden mit ihrem Weihnachtseinsatz. „Hast du gesehen?", flüsterte Wanda Willi zu. „Sie hat Mutzenmandeln gemacht. Eine Frau, die Gebäck in Form von Heinzelmännchenmützen mitbringt, versteht was vom Leben. Ich glaube, hier haben wir ganze Arbeit geleistet! Frohe Weihnachten, kleiner Bruder!"

Eines Abends im frühen Januar blieb Jupp nach seiner Arbeit im Brauhaus vor dem Heinzelmännchenbrunnen stehen und sinnierte. Er hätte es nie zugegeben, aber ganz abwegig schien ihm der Gedanke an die Heinzelmännchen nicht mehr seit seinem wundersamen Weihnachtsfest. Da tippte ihm jemand auf die Schulter. Es war Florentine, die ihn von der Arbeit abholte. Mit ihren grauen Wuschelhaaren und den Lachfältchen im Gesicht sah sie genau aus, wie er sich eine freundliche Heinzelfrau im besten Alter vorstellte. Er gab ihr einen Kuss, zwinkerte in Richtung Brunnen, und sie machten sich auf den Heimweg.

Kölsche Kaviar und Halve Hahn

Für den kleinen Hunger vor der Bescherung richten wir Kölsche Kaviar (Blutwurst mit Zwiebelringen) und Halve Hahn (Röggelchen mit Käse) als Tapas rustikal auf einem großen Brett an. Die Blutwurst mit den Zwiebelringen und die dicken Käsescheiben werden traditionell mit Senf serviert.

Die Röggelchen trennen und entweder quer in Scheiben schneiden oder würfeln. Den Gouda in Scheiben oder Würfel schneiden. Die Blutwurst in fingerdicke Scheiben schneiden, 4 Scheiben fein würfeln. Die Frühlingszwiebeln in feine Ringe schneiden und mit den Blutwurstwürfeln vermischen. Den Apfel mit einem Ausstecher vom Kerngehäuse befreien und mit Schale in Ringe schneiden. Einen Ring sehr fein würfeln und ebenfalls mit den Blutwurstwürfeln vermengen. Die Birne vom Kerngehäuse befreien und in feine Scheiben schneiden. Die Zwiebel schälen und in Ringe schneiden.

Cornichons, Tomaten und Oliven abgießen und jeweils in ein Schälchen füllen. Blutwurst- und Käsescheiben, Blutwurst-Apfel-Zwiebel-Mischung, Apfel- und Birnenscheiben und Röggelchen dekorativ auf einer großen Platte oder einem Brett anrichten, mit Petersilie dekorieren und mit den Senfsorten, Butter, Salz und Pfeffer servieren.

Tipp
Die Kölschen Tapas können auch mit Nüssen, Matjes oder frischem Mett erweitert werden.

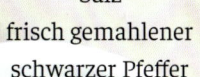

Für 4 Portionen

4 Röggelchen
400 g junger Gouda
1 Ring Blutwurst
2 Frühlingszwiebeln
1 Apfel
1 Birne
1 Zwiebel
1 kleines Glas Cornichons
1 Glas getrocknete Tomaten
1 Glas schwarze Oliven
Petersilie zum Dekorieren
verschiedene Senfsorten nach Geschmack
125 g Butter
Salz
frisch gemahlener schwarzer Pfeffer

Hirringsschlot met Quellmännern

Hering ist bei vielen Familien ein traditionelles Weihnachtsgericht. Der Heringssalat wird bereits am Vortag zubereitet und eignet sich auch wunderbar als Vorspeise.

Für 4 Portionen

1 säuerlicher Apfel
(z. B. Boskop)
2 rote Zwiebeln
5 Cornichons
300 g Schmand
200 g saure Sahne
etwas Gurkensud
Salz
frisch gemahlener
schwarzer Pfeffer
8 Heringsfilets
1 kg Kartoffeln
(festkochend)
3 Stängel Dill
rosa Pfefferbeeren zum
Dekorieren

Den Apfel schälen, vierteln und vom Kerngehäuse befreien. Die Zwiebeln schälen. Apfel, Zwiebeln und Cornichons fein würfeln. Schmand und saure Sahne mit etwas Gurkensud glatt rühren. Apfel-, Zwiebel- und Cornichonwürfel unterheben. Mit Salz und Pfeffer würzen. Die Heringsfilets abspülen und trocken tupfen, in die Marinade legen, abdecken und 24 Std. im Kühlschrank ziehen lassen.

Die Kartoffeln mit Schale in Salzwasser gar kochen, abgießen und pellen. Die Heringsfilets mit den Kartoffeln anrichten und mit Dill und rosa Pfefferkörnern dekorieren.

Tipp

Anstelle von Hering können Sie auch Matjesfilets verwenden. Noch feiner wird die Marinade mit Crème fraîche anstelle von saurer Sahne.

Rievkooche met Appeltütt

Wer kennt sie nicht, die kleinen runden Reibekuchen, die in Köln „Rievkooche" genannt werden? Sie gehören auf jeden Weihnachtsmarkt und werden entweder mit Apfelkompott oder Rübenkraut angeboten. Dazu gibt's Schwarzbrot.

Für das Kompott die Äpfel schälen, vierteln, vom Kerngehäuse befreien und in etwas dickere Stücke schneiden. Mit Zitronensaft beträufeln. Die Butter in einem Topf schmelzen, aber nicht braun werden lassen. Die Apfelstücke zugeben, mit Zucker bestreuen und unter Rühren leicht anrösten. 300 ml Wasser angießen, gut umrühren und kurz aufkochen lassen, damit der Zucker karamellisiert. Zimtstange, Sternanis und Vanillezucker zugeben. Die Äpfel 8–12 Min. weich kochen, aber nicht zu breiig werden lassen. Zimtstange und Sternanis entfernen und das Kompott auskühlen lassen.

Für die Reibekuchen Zwiebel und Kartoffeln schälen und fein reiben. Die Kartoffeln in ein feines Sieb geben und über einer Schüssel gut abtropfen lassen. Das Kartoffelwasser auffangen und die Kartoffelstärke abschöpfen. Kartoffeln und Zwiebel mit Eigelben und der Kartoffelstärke verrühren und kräftig mit Salz, Pfeffer und Muskat würzen. Sollte die Masse zu flüssig sein, etwas Mehl zufügen.

Etwas Butterschmalz in einer beschichteten Pfanne bei mittlerer Temperatur erhitzen. Kartoffelmasse mit einem Esslöffel portionsweise ins heiße Fett geben, flach andrücken und die Reibekuchen nacheinander von beiden Seiten goldbraun braten, möglichst nur einmal wenden. Die Reibekuchen mit Apfelkompott und Schwarzbrot servieren.

Für 10 Reibekuchen

Für das Apfelkompott
1 kg Äpfel (z. B. Boskop)
etwas Zitronensaft
25 g Butter
100 g brauner Zucker
1 Zimtstange
1 Stück Sternanis
1 Pck. Vanillezucker

Für die Reibekuchen
1 große Gemüsezwiebel
1 kg große Kartoffeln
(festkochend)
2 Eigelb
Salz
frisch gemahlener
schwarzer Pfeffer
frisch geriebene
Muskatnuss
3 EL Mehl (nach Bedarf)
Butterschmalz zum
Ausbacken

Bottermilchzupp met Bunne

Hier werden Kindheitserinnerungen wach, denn so hat es auch bei Oma geschmeckt. Die Buttermilchsuppe gehört zu den Klassikern der rheinischen Wintergerichte.

Für 4 Portionen

800 g Brech- oder Buschbohnen
500 ml Gemüsebrühe
800 g Kartoffeln (mehligkochend)
200 ml warme Milch
150 g Schinkenwürfel
1 TL Butterschmalz
500 ml Buttermilch
100 ml Sahne
Salz
frisch gemahlener weißer Pfeffer
frisch geriebene Muskatnuss
Kresse zum Dekorieren
Toastbrot zum Servieren

Die Bohnen putzen und je nach Länge halbieren oder dritteln. Die Gemüsebrühe aufkochen und die Bohnen darin ca. 10 Min. köcheln lassen. Abgießen, die Brühe auffangen und die Bohnen mit kaltem Wasser abschrecken.

Die Kartoffeln schälen und halbieren, in Salzwasser gar kochen und abgießen. Zwei Kartoffelhälften in feine Würfel schneiden und beiseitestellen. Die restlichen Kartoffeln mit der warmen Milch mit dem Kartoffelstampfer zu Püree verarbeiten.

Die Schinkenwürfel in einer Pfanne mit Butterschmalz knusprig braten. Die Kartoffelwürfel zugeben und mitrösten.

Das Kartoffelpüree in einem Topf mit Buttermilch und Sahne verrühren und erwärmen, aber nicht mehr kochen, damit die Buttermilch nicht ausflockt. Die Suppe ggf. mit der restlichen Brühe strecken, falls sie zu sämig ist. Die Bohnen unterheben. Die Suppe kräftig mit Salz, Pfeffer und Muskat würzen, auf vorgewärmte Teller verteilen und mit den Schinken- und Kartoffelwürfeln anrichten. Mit etwas Kresse dekorieren und getoastetem Brot servieren.

Tipp

Sehr gut passen auch Fitschbunne (saure Bohnen) in diese Suppe. In Köln kamen die fein säuerlichen Bohnen früher besonders im Winter auf den Tisch, wenn frisches Gemüse rar war.

Himmel un Ääd met Flönz

Der Name dieses Gerichts leitet sich von den beiden Hauptzutaten ab: Äpfel, die am Baum hängen, stehen für den Himmel. Kartoffeln, die im Boden wachsen, für die Erde. Eine typische Beilage ist Flönz, die rheinländische Bezeichnung für Blutwurst.

Für den Kartoffelstampf die Kartoffeln schälen, vierteln und in Salzwasser ca. 20 Min. kochen, abgießen und kurz ausdampfen lassen. Milch und Butter in einem Topf erhitzen. Die Kartoffeln mit einem Kartoffelstampfer zu Püree verarbeiten, dabei nach und nach die Milch-Butter-Mischung zugeben. Mit Muskat, Salz und Pfeffer würzen. Den Stampf im Topf warm halten.

Die Äpfel waschen und nicht schälen, mit einem Ausstecher vom Kerngehäuse befreien und in Scheiben schneiden. Butter in einer Pfanne zerlassen und die Apfelscheiben darin anschwitzen. Puderzucker darüberstäuben und karamellisieren lassen. Die Apfelscheiben 3–4 Min. von jeder Seite leicht anbraten, herausnehmen und beiseitestellen.

Für die Flönz die Zwiebel schälen und in Ringe schneiden, die Blutwurst in dicke Scheiben schneiden. Die Blutwurstscheiben in Mehl wälzen. Öl in einer Pfanne erhitzen und die Blutwurst darin von beiden Seiten kurz anbraten; dabei nur einmal wenden, da die Blutwurst leicht zerfällt. Die Zwiebelringe in etwas Mehl wenden und im restlichen Öl braun rösten.

Den Kartoffelstampf auf Teller verteilen und mit karamellisierten Apfelringen, Blutwurstscheiben und Zwiebelringen anrichten.

Tipp
Da es verschiedene Sorten Blutwurst gibt, ist es ratsam, beim Metzger nachzufragen, ob die Blutwurst zum Braten geeignet ist. Nicht jede Blutwurst enthält Mehl, und ohne Mehl zerfällt die Wurst beim Braten.

Für 4 Portionen

Für den Kartoffelstampf
1,2 kg Kartoffeln (mehligkochend)
150 ml Milch
50 g Butter
frisch geriebene Muskatnuss
Salz
frisch gemahlener schwarzer Pfeffer

Für die Apfelringe
2–3 Äpfel (z. B. Boskop)
1 EL Butter
1–2 TL Puderzucker

Für die Flönz
1 Zwiebel
500 g Blutwurst
2–3 EL Mehl
2 TL neutrales Speiseöl

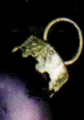

Laberdan in Senfzaus

Fisch zählt zu den traditionellen Speisen an Heiligabend, da man die Adventszeit früher als Fastenzeit beging, die erst mit dem ersten Weihnachtstag endete. Statt Karpfen kredenzen wir Kabeljau (Laberdan) in einer feinen Senfsoße.

Für 4 Portionen

4 Kabeljaufilets
Salz
frisch gemahlener
schwarzer Pfeffer
30 g Mehl plus 3 EL
1 EL Butterschmalz
30 g Butter
zum Wenden
500 ml Gemüsebrühe
2 EL mittelscharfer Senf
50 ml Weißweinessig
1 Lorbeerblatt
100 ml Sahne
1 Prise Zucker
1 Bio-Zitrone
2 EL gehackte glatte
Petersilie zum Dekorieren

Kabeljaufilets abspülen, trocken tupfen und mit Salz und Pfeffer würzen. Die Filets in 3 EL Mehl wenden und das Mehl vorsichtig abklopfen, sodass nur eine dünne Mehlschicht am Fisch bleibt. Butterschmalz in einer Pfanne erhitzen und die Fischfilets von beiden Seiten goldbraun anbraten. Aus der Pfanne nehmen und warm stellen.

Für die Senfsoße die Butter in einem Topf erhitzen, 30 g Mehl mit dem Schneebesen einrühren. Die Brühe langsam angießen und rühren, bis die Soße cremig wird. Senf und Weißweinessig unterrühren. Das Lorbeerblatt zufügen und die Sahne angießen. Die Temperatur etwas reduzieren und die Soße sanft köcheln lassen. Zum Schluss mit Salz, Pfeffer und Zucker würzen.

Die Zitrone vierteln. Den Kabeljau mit der Senfsoße und den Zitronenvierteln anrichten. Mit Petersilie dekorieren.

Tipp

Als Beilage schmecken Kartoffeln, Reis, aber auch Blutwurst oder gedünstetes Wurzelgemüse.

Hammelbrode

Wer an den Weihnachtstagen keine Lust auf Ente oder Gans hat, kommt bei diesem Lammbraten auf seine Kosten. Die lange Garzeit garantiert, dass das Fleisch schön zart wird. Dazu passen Kartoffelklöße oder Kartoffelstampf.

Die Lammkeule abspülen, trocken tupfen und mit Salz und Pfeffer von allen Seiten würzen. Die Knoblauchzehen schälen und in feine Streifen schneiden. Mit einem scharfen Messer kleine Schnitte in die Keule ritzen und diese dann mit den Knoblauchstreifen spicken. Das Fleisch in einem Bräter in heißem Butterschmalz scharf von allen Seiten anbraten, herausnehmen und beiseitestellen.

Den Backofen auf 200 °C (Umluft) vorheizen. Das Gemüse putzen, schälen und in grobe Stücke schneiden. Den Bräter erneut erhitzen und das Gemüse mit dem Tomatenmark scharf anrösten. Mit Rotwein ablöschen, sodass sich der Bratensatz vom Boden löst. Fond angießen. Die Gewürze zufügen, die Keule in den Bräter legen und mit geschlossenem Deckel 1 Std. im Backofen garen, dabei den Braten ein- bis zweimal wenden und ggf. etwas Wasser oder Fond nachfüllen. Nach 1 Std. die Temperatur auf 175 °C reduzieren und die Lammkeule ca. 45 Min. weitergaren lassen. Mit der Zeit schiebt sich der Knochen aus der Keule. Sobald er sich vollständig löst, ist das Fleisch gar.

Das Fleisch aus dem Bräter nehmen und abdecken. Die Soße durch ein Sieb passieren und mit Salz und Pfeffer würzen. Wenn die Soße zu flüssig ist, in kaltem Wasser glatt gerührte Speisestärke zugeben und die Soße aufkochen. Alternativ die gekochten Möhren mit der Soße pürieren. Die Lammkeule in Scheiben schneiden und mit der Soße servieren.

Tipp
Anstelle von Rotwein können Sie auch Traubensaft oder mehr Fond verwenden. Die losen Gewürze können Sie durch 1–2 TL Weihnachtsgewürz (Lebkuchen-, Spekulatius- oder Printen-Gewürz) ersetzen.

Für 4 Portionen

1 kg Lammkeule (mit Knochen)
Salz
frisch gemahlener schwarzer Pfeffer
2 Knoblauchzehen
2 EL Butterschmalz
3 Möhren
1 Porreestange
¼ Sellerieknolle
1 EL Tomatenmark
500 ml Rotwein
500 ml Lamm- oder Kalbsfond
1 Zweig Rosmarin
1 Zweig Thymian
2 Lorbeerblätter
10 Pfefferkörner
2 Gewürznelken
4 Wacholderbeeren
4 Pimentkörner
1 TL Speisestärke (optional)

Kölsche Frikadellen met Wirsing

Für 4 Portionen

Für die Frikadellen

1 altbackenes Brötchen
250 ml Kölsch
2 Schalotten
700 g gemischtes Hackfleisch
Salz
frisch gemahlener schwarzer Pfeffer
1 Ei
1 TL Senf
1 EL gehackte Petersilie
Butterschmalz

Für das Kartoffelpüree

1 kg Kartoffeln (mehligkochend)
125 ml Milch
1 EL Butter
½ TL Salz
frisch geriebene Muskatnuss

Für den Wirsing

1 kleiner Wirsing
1 Schalotte
1 EL Butter
1 EL Mehl
1 TL Rapsöl
100 g Speckwürfel
200 ml Gemüsebrühe

Frikadellen gehören zum kölschen Brauhaus wie der Dom zum Rhein. Mit Wirsing und Kartoffelpüree wird daraus ein deftiges Mittagsgericht für die Festtage.

Für die Frikadellen das Brötchen klein schneiden und in einer kleinen Schüssel in Kölsch einweichen. Die Schalotten schälen und fein würfeln. Das Hackfleisch in einer Schüssel kräftig mit Salz und Pfeffer würzen. Ausgedrückte Brötchenstücke, Ei, Senf, Petersilie und Schalotten zugeben und alles gut durchkneten. Aus der Masse 8 Frikadellen formen. Butterschmalz in einer Pfanne erhitzen und Frikadellen darin von beiden Seiten schön knusprig braun braten.

Für das Kartoffelpüree die Kartoffeln schälen, vierteln und in Salzwasser ca. 20 Min. kochen, abgießen und kurz ausdampfen lassen. Milch und Butter in einem Topf erhitzen. Die Kartoffeln zweimal durch eine Kartoffelpresse drücken, dann nach und nach die Milch-Butter-Mischung unterrühren. Mit Salz und Muskat würzen. Das Püree im Topf warm halten.

Den Wirsing halbieren, vom harten Strunk befreien und in dünne Streifen schneiden. Die Schalotte schälen und fein würfeln. Butter und Mehl vermengen und zu einer Kugel formen. Öl in einer hohen Pfanne oder einem breiten Topf erwärmen. Die Speckwürfel darin kurz anbraten. Wirsing und Schalottenwürfel zufügen und bei mittlerer Hitze 5 Min. anschwitzen. Gemüsebrühe angießen, Deckel auflegen und den Wirsing 15 Min. dünsten. Die Mehlbutter zufügen und unter Rühren auflösen. Ist die Konsistenz zu dick, etwas Gemüsebrühe unterrühren. Den Wirsing mit Salz, Pfeffer und Muskat würzen.

Tipp

Semmelbrösel eignen sich nicht zur Bindung, denn sie entziehen den Frikadellen die Feuchtigkeit und lassen sie hart werden.

Kölsche Koteletts met Brodäppel

Schlicht und einfach zubereitet sind die Lendenkoteletts mit Bratkartoffeln. An kalten Tagen, wenn es draußen schneit, ist das Gericht wahre Seelennahrung.

Für 4 Portionen

1 kg Kartoffeln (festkochend)
Salz
1–2 Zwiebeln
4 EL Butterschmalz
4 Lummerkoteletts mit Knochen à 300 g
frisch gemahlener schwarzer Pfeffer
Petersilie zum Dekorieren

Die Kartoffeln mit Schale in einem Topf mit Salzwasser gar kochen. Abgießen, mit kaltem Wasser abschrecken und noch warm pellen. Abgedeckt über Nacht in den Kühlschrank stellen.

Am nächsten Tag die Kartoffeln in 3–5 mm dicke Scheiben schneiden. Die Zwiebeln schälen und in feine Ringe schneiden. 2 EL Butterschmalz in einer Pfanne erhitzen und die Kartoffeln darin von beiden Seiten kross anbraten. Die Zwiebelringe zufügen und den Pfanneninhalt gut wenden; bei Bedarf mehr Butterschmalz zugeben.

Die Koteletts abspülen, trocken tupfen und auf beiden Seiten mit Salz und Pfeffer würzen. 2 EL Butterschmalz in einer Pfanne erhitzen und das Fleisch von beiden Seiten scharf anbraten. Die Hitze reduzieren, den Deckel auflegen und die Koteletts je nach Größe ca. 15 Min. garen.

Die Koteletts mit den Bratkartoffeln anrichten und mit Petersilie dekorieren.

Tipp
Wenn Sie die Koteletts in einer Grillpfanne anbraten, bekommen sie ein schönes Muster.

DANKE

... **für die regionale und kulinarische Unterstützung bei den Rezepten und in der Küche:**
Andrea Gottfreund

... **für die Assistenz in der Küche:**
Carlotta Pape

... **für die wunderschöne Weihnachtsgeschichte:**
Alexa Nieschlag

... **an das beste Team:**
Hölker Verlag

Lisa Nieschlag

... ist Designerin, Kochbuch-Autorin und Food-Fotografin.

Mit ihren fotografischen Inszenierungen macht sie zahlreichen Lesern Appetit auf mehr. Erst recht, wenn sie dann als Stylistin alles noch so geschmackvoll in Szene setzt. Die Küche ist Lisas kreativer und kulinarischer Kosmos.

Lisa betreibt den beliebten Food-Blog „Liz & Friends".

www.lizandfriends.de

Lars Wentrup

... ist ein Allrounder: Designer, Illustrator, Feinschmecker und Testesser. Und er liebt Bücher.

Angespornt durch das kreative Foodstyling und die eindrucksvollen Bildwelten schafft Lars die perfekte Plattform und bringt den – in jeder Hinsicht – guten Geschmack zu Papier.

Seit 2001 führt Lars gemeinsam mit Lisa eine Agentur für Kommunikationsdesign in Münster.

www.nieschlag-wentrup..de

Impressum

MIX
Papier aus verantwortungsvollen Quellen
FSC® C108521

5 4 3 2 1   26 25 24 23 22
ISBN 978-3-88117-283-7
© 2022 Hölker Verlag
in der Coppenrath Verlag GmbH & Co. KG
Hafenweg 30, 48155 Münster, Germany
Alle Rechte vorbehalten, auch auszugsweise
www.hoelker-verlag.de

Autoren:
Lisa Nieschlag und Lars Wentrup

Gestaltung und Satz:
Nieschlag + Wentrup
Agentur für Kommunikationsdesign
www.nieschlag-wentrup.de

Food-Fotografie & -Styling:
Lisa Nieschlag, www.lisanieschlag.de

Rezepte & Food-Styling:
Andrea Gottfreund, www.gottfreunds.de

Köln-Fotografie:
Sonja Kluft
Picturetom, Shutterstock (S. 16)
Rick Neves, Shutterstock (S. 72)
Boris Franz, Shutterstock (Titel)

Geschichte:
Alexa Nieschlag (Seite 38–45)

Redaktion:
Mareike Bartholomäus, www.hafentexterei.de

Lektorat:
Dr. Christine Schlitt

Litho:
FSM Premedia GmbH & Co. KG, Münster

Printed in Germany